EL LIBRO DE LAS
ARENAS MOVEDIZAS

TOMIE DE PAOLA

EL LIBRO DE LAS ARENAS MOVEDIZAS

Traducido por Teresa Mlawer

HOLIDAY HOUSE • NEW YORK

Para "STEVEM"
y su abuelita.

Library of Congress Cataloging-in-Publication Data

De Paola, Tomie.
[The quicksand book.   Spanish]
El libro de las arenas movedizas / Tomie de Paola : traducido por
Teresa Mlawer.
p.   cm.
Summary: Discusses the composition of quicksand and rescue
procedures.
ISBN 0-8234-1056-9. — ISBN 0-8234-1057-9 (pbk).
1. Quicksand—Juvenile literature.   [1. Quicksand.   2. Spanish
language materials.]   I. Title
QE471.2.D4618   1993   93-18317   CIP   AC
552′.5—dc20

BIEN, NO TE PREOCUPES. TIENES SUERTE QUE
YO SÉ MUCHO SOBRE LAS ARENAS MOVEDIZAS.
ASÍ QUE FÍJATE Y PON ATENCIÓN.
SERÁ MUY INTERESANTE,
Y PUEDE QUE APRENDAS ALGO.

ANTES QUE TODO, LA ARENA MOVEDIZA NO ES UNA
ARENA ESPECIAL. ES UNA ARENA CORRIENTE. PERO
CUANDO EL AGUA ES EMPUJADA A TRAVÉS DE LA
ARENA HACIA LA SUPERFICIE, LOS GRANOS DE ARENA
SE SEPARAN Y SE EXPANDEN. CUANDO ESTO SUCEDE,
LA ARENA PIERDE SU CONSISTENCIA FIRME Y NO
PUEDE SOSTENER UN PESO FUERTE. Y ÉSA ES LA
RAZÓN POR LA CUAL TE ESTÁS HUNDIENDO.

SI EL AGUA SE DETIENE O SE SECA, LA ARENA MOVEDIZA SE CONVIERTE EN ARENA CORRIENTE OTRA VEZ.

① SIN AGUA—ARENA CORRIENTE

② AGUA SUBIENDO A TRAVÉS DE LA ARENA

③ AGUA Y ARENA MEZCLADAS. "ARENA MOVEDIZA"

④ SI EL AGUA NO SUBE LA ARENA SE ASIENTA.

SI TE DESESPERAS, REMUEVES LA ARENA Y TE HUNDES MÁS RÁPIDAMENTE. HE OBSERVADO QUE LA MAYORÍA DE LAS PERSONAS QUE MANTIENEN LA CALMA, SÓLO SE LLEGAN A HUNDIR HASTA EL CUELLO. SI HUBIERAS CAÍDO DE ESPALDAS, PODRÍAS HABER FLOTADO, DE LA MISMA MANERA QUE PUEDES HACERLO EN EL GRAN LAGO SALADO O EN EL MAR MUERTO. PERO YA ES UN POCO TARDE PARA ESO.

ES MÁS
FÁCIL
HUNDIRSE

AGUA CORRIENTE

AGUA
CON MUCHA SAL

AGUA
CON MUCHA ARENA

ES MÁS FÁCIL FLOTAR
PORQUE TANTO LA SAL COMO
LA ARENA AYUDAN A SOSTENERNOS

¿SABES TÚ DÓNDE SE PUEDEN ENCONTRAR LAS ARENAS MOVEDIZAS? ¿NO? PUES TE LO DIRÉ. LAS ARENAS MOVEDIZAS MÁS CORRIENTES LAS PUEDES ENCONTRAR CERCA DE LAS ORILLAS, EN LOS LECHOS DE LOS RÍOS DE POCO FONDO Y EN LAS CORRIENTES QUE TIENEN MANANTIALES DEBAJO DE LA TIERRA, COMO DÓNDE TÚ ESTÁS.

LAS ARENAS MOVEDIZAS
SE FORMAN A LO LARGO
DE LAS ORILLAS O
DEBAJO DEL AGUA,
CERCA DE LA RIBERA.

AGUA

MANANTIALES → ARENA MOVEDIZA

MANANTIALES

ROCA

LAS ARENAS MOVEDIZAS
TAMBIÉN SUELEN
FORMARSE EN MEDIO
DE UNA CORRIENTE.

EL SOL FORMA COMO UNA FINA CORTEZA
SOBRE LA ARENA.

ROCA   ARENA MOVEDIZA   AGUA

MANANTIAL

LAS ARENAS MOVEDIZAS
SE PUEDEN FORMAR EN
EL LECHO DE UN RÍO
QUE PARECE SECO.

AQUÍ TAMBIÉN HAY UNA CORTEZA FINA

ROCA   ARENA MOVEDIZA

MANANTIAL

ENSEGUIDA.

SÓLO QUIERO QUE VEAS LO QUE LES SUCEDE
A LOS ANIMALES, SI ACASO
CAEN EN LAS ARENAS MOVEDIZAS.

LOS CABALLOS, POR LO GENERAL,
SALEN CON FACILIDAD, DANDO
PEQUEÑOS SALTITOS COMO LOS CONEJOS.

LAS MULAS SE ACUESTAN SOBRE
SUS BARRIGAS, CON LAS PATAS
DELANTERAS DOBLADAS.
EN ESTA POSICIÓN NO SE HUNDEN.

LAS VACAS NECESITAN AYUDA
PORQUE SE ASUSTAN
Y SE HUNDEN RÁPIDAMENTE.

① PIDE AYUDA.

② SI PUEDES, DESCANSA SOBRE TU ESPALDA.

③ COLOCA LA VARA DEBAJO DE TUS HOMBROS
CON LOS BRAZOS EXTENDIDOS A AMBOS LADOS.

④ EMPUJA LA VARA HASTA TUS CADERAS.

⑤ ALZA UNA PIERNA PRIMERO Y LUEGO LA OTRA.

⑥ NO TE AGOTES. TOMA UN PEQUEÑO DESCANSO
ENTRE CADA PASO.

⑦ UTILIZA LA VARA PARA MANTENERTE
"FLOTANDO" EN LA ARENA MOVEDIZA.

⑧ DA VUELTAS POCO A POCO HASTA
ALCANZAR TIERRA FIRME.

⑨ DESCANSA.

PERO, COMO TE DIJE, NIÑA DE LA SELVA, HOY ES TU DÍA DE SUERTE. AQUÍ ESTOY PARA AYUDARTE. PUDIERA DESLIZARME A TODO LO LARGO DE ESE LEÑO Y SACARTE CON MIS PROPIOS BRAZOS, PERO ESO ES MUCHO TRABAJO. VOY A UTILIZAR UNA PARRA RESISTENTE, EN FORMA DE NUDO, ENLAZARLA POR DEBAJO DE TUS BRAZOS ¡Y ARRIBA!

CÓMO HACER TU PROPIA ARENA MOVEDIZA

① HAZ UN AGUJERO EN EL FONDO DE UN CUBO.

② COLOCA UNA MANGUERA HACIA ARRIBA QUE QUEDE BIEN JUSTA.

③ LLENA LAS 3/4 PARTES DEL CUBO CON ARENA.

④ COLOCA UN OBJETO PESADO SOBRE LA ARENA.
ÉSTE NO SE MOVERÁ.

⑤ ABRE LA LLAVE DE PASO PARA QUE PUEDA ENTRAR EL AGUA POCO A POCO EN LA ARENA. LAS PARTÍCULAS DE ARENA SE SEPARARÁN Y ÉSTA SE EXPANDERÁ. CUANDO HAYA SUFICIENTE AGUA PARA QUE LA ARENA ESTÉ BLANDA, EL OBJETO SE HUNDIRÁ.

⑥ CIERRA LA LLAVE DEL AGUA. LA ARENA SE ASENTARÁ Y EL AGUA SUBIRÁ A LA SUPERFICIE. AHORA LA ARENA PODRÁ SOSTENER CUALQUIER PESO. ESTO SE DEBE A QUE EL AGUA HA SIDO PRESIONADA HACIA ARRIBA Y LOS GRANOS DE ARENA NO ESTÁN TAN SEPARADOS.